Impressum
Verlag: BABADADA GmbH, Nedderfeld 112 , 22529 Hamburg
Geschäftsführer / Verlagsleitung: Harald Hof
Druck: Books on Demand GmbH, In de Tarpen 42, 22848 Norderstedt

Imprint
Publisher: BABADADA GmbH, Nedderfeld 112 , 22529 Hamburg, Germany
Managing Director / Publishing direction: Harald Hof
Print: Books on Demand GmbH, In de Tarpen 42, 22848 Norderstedt, Germany

# Šola
## 学校

Deljenje
除

186/2

Tabla
黑板

Razred
教室

Šolsko dvorišče
校园

Učitelj
老师

Papir
纸

Pisati
书写

Pisalo
钢笔

Pisalna miza
办公桌

Ravnilo
直尺

Knjiga
书

Učenec
学生

Šolska torba

书包

Peresnica

铅笔盒

Svinčnik

铅笔

Šilček

卷笔刀

Radirka

橡皮擦

Risalni blok

画板

2

Risba

图画

Čopič

画笔

Vodene barvice

颜料盒

Škarje

剪刀

Lepilo

胶水

Zvezek

练习册

Domača naloga

家庭作业

Število

数字

Seštevanje

加

Odštevanje

减

Množenje

乘

Računanje

计算

Črka

字母

Abeceda

字母表

Beseda

字

Besedilo

课文

Brati

读

Kreda

粉笔

Učna ura

上课

Redovalnica

登记

Preizkus znanja

考试

Spričevalo

证书

Šolska uniforma

校服

Izobrazba

教育

Enciklopedija

百科全书

Univerza

大学

Mikroskop

显微镜

Zemljevid

地图

Koš za smeti

废纸筐

Hotel
酒店

Hostel
青年旅社

Menjalnica
外币兑换处

Kovček
手提箱

Avtomobil
汽车

Jezik
语言

da / ne
是/否

Prav
好的

Pozdravljeni
您好

Prevajalec
翻译员

Hvala
谢谢

Koliko stane...?

......多少钱？

Ne razumem

我不明白

Težava

问题

Dober večer!

晚上好！

Dobro jutro!

早上好！

Lahko noč!

晚安！

Nasvidenje

再见

Smer

方向

Prtljaga

行李

Torba

包

Nahrbtnik

双肩包

Gost

客人

Soba

房间

Spalna vreča

睡袋

Šotor

帐篷

Turistične informacije

旅游信息

Plaža

海滩

Kreditna kartica

信用卡

Zajtrk

早餐

Kosilo

午餐

Večerja

晚餐

Vozovnica

票

Dvigalo

电梯

Znamka

邮票

Meja

边界

Carina

海关

Veleposlaništvo

大使馆

Vizum

签证

Potni list

护照

Letalo
飞机

Ladja
船

Gasilsko vozilo
消防车

Avtobus
公交车

Tovornjak
卡车

Motorni čoln
汽艇

Kolo
自行车

Avtomobil
汽车

Trajekt

摆渡船

Čoln

小船

Motorno kolo

摩托车

Policijski avto

警车

Dirkalni avto

赛车

Najeto vozilo

租车

Souporaba avtomobila

拼车

Avtovleka

拖车

Smetarsko vozilo

垃圾车

Motor

发动机

Gorivo

汽油

Bencinska postaja

加油站

Prometni znak

交通标志

Promet

交通

Zastoj

交通堵塞

Parkirišče

停车场

Železniška postaja

火车站

Tirnice

轨道

Vlak

火车

Tramvaj

电车

Vagon

货车

Prevoz - 交通运输

Helikopter

直升机

Letališče

机场

Stolp

塔

Potnik

乘客

Kontejner

集装箱

Karton

纸板箱

Voziček

手推车

Košara

篮子

vzleteti / pristati

起飞/降落

# Mesto

## 城市

Vas

村庄

Mestno jedro

市中心

Hiša

房子

Kino
电影院

Reklama
广告

Ulična svetilka
路灯

CINEMA

Ulica
街道

Taksi
出租车

Pešec
行人

Kiosk
小吃店

Pločnik
人行道

Križišče
十字路口

Prehod za pešce
斑马线

Smetnjak
垃圾箱

Semafor
红绿灯

Koča

小屋

Stanovanje

公寓

Železniška postaja

火车站

Mestna hiša

市政厅

Muzej

博物馆

Šola

学校

Univerza

大学

Banka

银行

Bolnišnica

医院

Hotel

酒店

Lekarna

药房

Pisarna

办公室

Knjigarna

书店

Trgovina

商店

Cvetličarna

花店

Supermarket

超市

Tržnica

市场

Veleblagovnica

百货商店

Ribarnica

鱼店

Nakupovalno središče

购物中心

Pristanišče

海港

Park
公园

Klop
长凳

Most
桥

Stopnice
楼梯

Podzemna železnica
地铁

Predor
隧道

Avtobusno postajališče
公交车站

Bar
酒吧

Restavracija
餐馆

Poštni nabiralnik
邮筒

Ulična tabla
路标

Parkirna ura
停车计时器

Živalski vrt
动物园

Kopališče
游泳馆

Mošeja
清真寺

Kmetija

农场

Onesnaževanje

污染

Pokopališče

墓地

Cerkev

教堂

Otroško igrišče

操场

Tempelj

寺庙

# Pokrajina
## 地形

List
树叶

Kažipot
指示牌

Pot
路

Travnik
草地

Kamen
石头

Pohodnik
徒步旅行者

Drevo
树

Reka
河

Trava
草

Cvetlica
花

Dolina

峡谷

Hrib

山

Jezero

湖

Gozd

森林

Puščava

沙漠

Vulkan

火山

Grad

城堡

Mavrica

彩虹

Goba

蘑菇

Palma

棕榈树

Komar

蚊子

Muha

苍蝇

Mravlja

蚂蚁

Čebela

蜜蜂

Pajek

蜘蛛

Hrošč

甲虫

Žaba

青蛙

Veverica

松鼠

Jež

刺猬

Zajec

野兔

Sova

猫头鹰

Ptič

鸟

Labod

天鹅

Divji prašič

野猪

Jelen

鹿

Los

麋鹿

Jez

水坝

Vetrnica

风力发电机

Solarna plošča

太阳能电池板

Podnebje

气候

Natakar
服务员

Jedilnik
菜单

Stol
椅子

Juha
汤

Pica
披萨饼

Pribor
餐具

Prt
桌布

Predjed

前菜

Glavna jed

主菜

Sladica

甜点

Pijače

饮料

Hrana

食物

Steklenica

瓶子

Hitra hrana

快餐

Ulična hrana

街边小吃

Čajnik

茶壶

Sladkornica

糖盒

Porcija

一份饭菜

Aparat za espresso

意式咖啡机

Stolček za hranjenje

高脚椅

Račun

账单

Pladenj

托盘

Nož

刀

Vilica

餐叉

Žlica

勺子

Čajna žlička

茶匙

Servieta

餐巾

Kozarec

玻璃杯

Krožnik

碟子

Globoki krožnik

汤盘

Krožniček

碟子

Omaka

酱

Solnica

盐瓶

Mlinček za poper

胡椒磨

Kis

醋

Olje

食用油

Začimbe

调味料

Kečap

番茄酱

Gorčica

芥末

Majoneza

蛋黄酱

Posebna ponudba
特价

Stranka
顾客

Mlečni izdelki
乳制品

Sadje
水果

Nakupovalni voziček
购物车

**Mesnica**

肉铺

**Pekarna**

面包房

**Tehtati**

称重

**Zelenjava**

蔬菜

**Meso**

肉

**Zamrznjena hrana**

冷冻食品

Hladne mesnine

冷盘

Konzerve

罐头食品

Pralni prašek

洗衣粉

Sladkarije

甜食

Gospodinjski izdelki

日用品

Čistilno sredstvo

清洁用品

Prodajalka

销售员

Blagajna

收银机

Blagajnik

收银员

Nakupovalni seznam

购物清单

Delovni čas

开放时间

Denarnica

钱包

Kreditna kartica

信用卡

Torba

袋子

Plastična vrečka

塑料袋

## 饮料

Voda

水

Sok

果汁

Mleko

牛奶

Kola

可乐

Vino

红酒

Pivo

啤酒

Alkohol

酒

Kakav

可可

Čaj

茶

Kava

咖啡

Espresso

意式浓缩咖啡

Kapučino

卡布奇诺

Banana

香蕉

Jabolko

苹果

Pomaranča

橙子

Lubenica

西瓜

Limona

柠檬

Korenje

胡萝卜

Česen

大蒜

Bambus

竹子

Čebula

洋葱

Goba

蘑菇

Oreščki

坚果

Rezanci

面条

Špageti

意大利面条

Riž

米饭

Solata

沙拉

Ocvrt krompirček

薯条

Pečen krompir

炸土豆

Pica

披萨饼

Hamburger

汉堡包

Sendvič

三明治

Zrezek

炸猪排

Šunka

火腿

Salama

萨拉米

Klobasa

香肠

Piščanec

鸡肉

Pečenka

烤肉

Riba

鱼

Ovseni kosmiči
燕麦片

Musli
穆兹利

Koruzni kosmiči
玉米片

Moka
面粉

Rogljiček
羊角面包

Žemlja
面包卷

Kruh
面包

Prepečenec
烤面包

Piškoti
饼干

Maslo
黄油

Skuta
凝乳

Torta
蛋糕

Jajce
蛋

Pečeno jajce na oko
煎蛋

Sir
奶酪

Sladoled

冰激凌

Sladkor

糖

Med

蜂蜜

Marmelada

果酱

Čokoladni namaz

巧克力酱

Kari

咖喱饭

Kmečka hiša
农舍

Bala slame
稻草捆

Skedenj
粮仓

Polje
田野

Konj
马

Prikolica
拖车

Žrebe
马驹

Traktor
拖拉机

Osel
驴

Jagnje
羔羊

Ovca
羊

Koza
山羊

Krava
奶牛

Tele
牛犊

Prašič
猪

Pujsek
小猪

Bik
公牛

Gos

鹅

Raca

鸭

Piščanec

小鸡

Kokoš

母鸡

Petelin

公鸡

Podgana

鼠

Mačka

猫

Miš

老鼠

Vol

牛

Pes

狗

Pasja uta

狗屋

Cev za zalivanje

花园浇水软管

Kangla za zalivanje

洒水壶

Kosa

长柄大镰刀

Plug

犁

Srp

镰刀

Motika

锄头

Vile

长柄草耙

Sekira

斧头

Samokolnica

独轮手推车

Korito

饲料槽

Kangla za mleko

牛奶罐

Vreča

麻布袋

Ograja

栅栏

Hlev

马厩

Rastlinjak

温室

Prst

土壤

Seme

种子

Gnojilo

肥料

Kombajn

联合收割机

Žeti

收割

Žetev

收割

Jam

山药

Pšenica

小麦

Soja

大豆

Krompir

土豆

Koruza

玉米

Oljna ogrščica

油菜籽

Sadno drevo

果树

Maniok

树薯

Žito

谷物

Dimnik
烟囱

Streha
屋顶

Žleb
落水管

Okno
窗户

Garaža
车库

Zvonec
门铃

Vrata
门

Koš za smeti
垃圾桶

Poštni nabiralnik
信箱

Vrt
花园

Dnevna soba

客厅

Kopalnica

浴室

Kuhinja

厨房

Spalnica

卧室

Otroška soba

儿童房

Jedilnica

餐厅

**Tla**

地板

**Stena**

墙壁

**Strop**

吊顶

**Klet**

地窖

**Savna**

桑拿

**Balkon**

阳台

**Terasa**

露台

**Bazen**

游泳池

**Kosilnica**

割草机

**Rjuha**

被单

**Posteljno pregrinjalo**

床罩

**Postelja**

床

**Metla**

扫帚

**Vedro**

水桶

**Stikalo**

开关

Tapeta
壁纸

Slika
照片

Svetilka
台灯

Polica
搁架

Omara
橱柜

Kamin
壁炉

Televizor
电视机

Cvetlica
花

Blazina
垫子

Zofa
沙发

Vaza
花瓶

Daljinski upravljalnik
遥控器

Preproga

地毯

Zavesa

窗帘

Miza

餐桌

Stol

椅子

Gugalnik

摇椅

Naslanjač

扶手椅

Knjiga

书

Odeja

毯子

Dekoracija

装饰品

Drva

木柴

Film

电影

Glasbeni stolp

高保真音响

Ključ

钥匙

Časopis

报纸

Slika

油画

Plakat

海报

Radio

收音机

Beležka

笔记本

Sesalnik

吸尘器

Kaktus

仙人掌

Sveča

蜡烛

Hladilnik
冰箱

Mikrovalovna pečica
微波炉

Kuhinjska tehtnica
厨房秤

Opekač
烤面包机

Detergent
洗洁精

Pečica
烤箱

Zamrzovalnik
冰柜

Koš za smeti
垃圾桶

Pomivalni stroj
洗碗机

Kozica

炊具

Lonec

锅

Litoželezni lonec

铸铁锅

Vok / kadai

炒锅

Ponev

平底锅

Kotliček

水壶

**Kuhinja - 厨房**

35

**Parni kuhalnik**

蒸锅

**Pekač**

烤盘

**Posoda**

陶瓷锅

**Skodelica**

马克杯

**Skleda**

碗

**Jedilne paličice**

筷子

**Zajemalka**

长柄勺

**Lopatica**

铲子

**Metlica**

搅拌器

**Cedilnik**

滤网

**Cedilo**

筛子

**Strgalo**

磨碎机

**Možnar**

研钵

**Žar**

烧烤

**Ognjišče**

明火

Deska za rezanje

菜板

Valjar

擀面杖

Odpirač za steklenice

开瓶器

Pločevinka

罐子

Odpirač za konzerve

开罐器

Prijemalka za posodo

隔热手套

Korito

水槽

Ščetka

刷子

Goba

海绵

Mešalnik

搅拌机

Zamrzovalna skrinja

冷藏箱

Steklenička

奶瓶

Pipa

水龙头

Ogrevanje
供暖设备

Brisača
毛巾

Peneča kopel
泡沫浴

Kopalna kad
浴缸

Pralni stroj
洗衣机

Kahlica
便壶

Ploščice
瓷砖

Prha
淋浴

Zavesa za prho
浴帘

Kozarec
玻璃杯

Pipa
水龙头

Korito
水槽

Stranišče
厕所

Stranišče na počep
蹲便器

Bide
坐浴器

Pisoar
小便池

Toaletni papir
厕纸

Ščetka za straniščno školjko
马桶刷

Zobna ščetka

牙刷

Zobna pasta

牙膏

Zobna nitka

牙线

Umiti se

洗

Ročna prha

手持式喷淋头

Prha za intimne dele

冲洗器

Umivalnik

洗脸盆

Krtača za hrbet

擦背刷

Milo

肥皂

Gel za prhanje

沐浴露

Šampon

洗发水

Krpica za miljenje

法兰绒

Odtok

排水

Krema

乳霜

Deodorant

除臭剂

Ogledalo

镜子

Ročno ogledalo

手镜

Britvica

剃须刀

Pena za britje

剃须泡沫

Vodica po britju

须后水

Glavnik

梳子

Ščetka

刷子

Sušilnik za lase

吹风机

Lak za lase

喷发定型剂

Ličila

化妆品

Šminka

唇膏

Lak za nohte

指甲油

Vatirane blazinice

化妆棉

Škarjice za nohte

指甲剪

Parfum

香水

Toaletna torbica

洗漱包

Stol brez naslonjala

凳子

Osebna tehtnica

计重秤

Kopalni plašč

浴袍

Gumijaste rokavice

橡胶手套

Tampon

卫生棉条

Damski vložki

卫生巾

Kemično stranišče

化学厕所

Budilka
闹钟

Plišasta igrača
毛绒玩具

Avtomobilček
玩具车

Ropotuljica
拨浪鼓

Hiška za punčke
玩具屋

Darilo
礼物

Balon

气球

Postelja

床

Otroški voziček

（洋娃娃用）婴儿车

Igralne karte

扑克牌

Sestavljanka

拼图

Strip

漫画

Lego kocke

乐高积木

Igralne kocke

积木玩具

Akcijska figura

玩具人

Bodi

婴儿服

Frizbi

飞盘

Vrtiljak za posteljico

床铃玩具

Namizna igra

棋盘游戏

Kocka

骰子

Komplet modelov vlakov

火车模型

Duda

安抚奶嘴

Zabava

聚会

Slikanica

绘本

Žoga

球

Lutka

洋娃娃

Igrati se

玩

Peskovnik

沙坑

Gugalnica

秋千

Igrače

玩具

Igralna konzola

游戏机

Tricikel

三轮车

Plišasti medvedek

泰迪熊

Garderoba

衣柜

# Oblačilo

# 衣服

Nogavice

袜子

Samostoječe nogavice

长袜

Hlačne nogavice

紧身裤

Šal
围巾

Dežnik
雨伞

Pas
皮带

Majica s kratkimi rokavi
T恤

Športni copati
运动鞋

Škornji
靴子

Copati
拖鞋

Sandali
....................
凉鞋

Čevlji
....................
鞋

Gumijasti škornji
....................
雨靴

Spodnje hlače
....................
内裤

Modrček
....................
胸罩

Telovnik
....................
背心

Bodi

身体

Hlače

裤子

Kavbojke

牛仔裤

Krilo

短裙

Bluza

女式衬衫

Srajca

衬衫

Pulover

套头衫

Pletena jopica

卫衣

Jopa

西装夹克

Jakna

夹克

Plašč

外套

Dežni plašč

雨衣

Kostim

套装

Obleka

连衣裙

Poročna obleka

婚纱

Obleka

西装

Spalna srajca

睡袍

Pižama

睡衣

Sari

莎丽

Naglavna ruta

头巾

Turban

包头巾

Burka

波卡

Kaftan

卡夫坦

Abaja

(阿拉伯式)长袍长袍

Kopalke

泳衣

Kopalne hlače

男式泳裤

Kratke hlače

短裤

Trenirka

运动服

Predpasnik

围裙

Rokavice

手套

**Gumb**
纽扣

**Očala**
眼镜

**Zapestnica**
手链

**Verižica**
项链

**Prstan**
戒指

**Uhan**
耳环

**Kapa**
便帽

**Obešalnik**
衣架

**Klobuk**
帽子

**Kravata**
领带

**Zadrga**
拉链

**Čelada**
头盔

**Naramnice**
背带

**Šolska uniforma**
校服

**Uniforma**
制服

Slinček

围兜

Duda

安抚奶嘴

Plenica

尿不湿

Strežnik
服务器

Kartotečna omara
文件柜

Tiskalnik
打印机

Papir
纸

Monitor
显示屏

Pisalna miza
办公桌

Miška
鼠标

Mapa
文件夹

Tipkovnica
键盘

Koš za smeti
废纸筐

Stol
椅子

Računalnik
电脑

Lonček za kavo

咖啡杯

Kalkulator

计算器

Internet

因特网

Prenosnik

笔记本电脑

Pismo

信件

Sporočilo

消息

Mobilnik

手机

Omrežje

网络

Kopirni stroj

复印机

Programska oprema

软件

Telefon

电话

Vtičnica

插座

Telefaks

传真机

Obrazec

表格

Dokument

文件

Kupiti
买

Plačati
付钱

Trgovati
交易

Denar
现金

Dolar
美元

Evro
欧元

Jen
日元

Rubelj
卢布

Švičarski frank
瑞士法郎

Kitajski juan renminbi
人民币

Rupija
卢比

Bankomat
提款处

**Menjalnica**

外币兑换处

**Zlato**

金

**Srebro**

银

**Nafta**

石油

**Energija**

能源

**Cena**

价格

**Pogodba**

合同

**Davek**

税金

**Delnice**

股票

**Delati**

工作

**Delojemalec**

职员

**Delodajalec**

老板

**Tovarna**

工厂

**Trgovina**

商店

Policist
警官

Gasilec
消防员

Kuhar
厨师

Zdravnik
医生

Pilot
飞行员

Vrtnar

园丁

Mizar

木匠

Šivilja

裁缝

Sodnik

法官

Kemik

化学家

Igralec

演员

Voznik avtobusa

公交车司机

Taksist

出租车司机

Ribič

渔夫

Čistilka

清洁女工

Krovec

屋顶工

Natakar

服务员

Lovec

猎人

Pleskar

画家

Pek

面包师

Električar

电工

Gradbenik

建筑工人

Inženir

工程师

Mesar

屠夫

Vodovodni inštalater

水管工

Poštar

邮递员

Vojak

士兵

Arhitekt

建筑师

Blagajnik

收银员

Cvetličar

花农

Frizer

理发师

Sprevodnik

售票员

Mehanik

机械师

Kapitan

船长

Zobozdravnik

牙医

Znanstvenik

科学家

Rabin

拉比

Imam

伊玛目

Menih

和尚

Duhovnik

牧师

Kladivo
铁锤

Izvijač
螺丝刀

Klešče
钳子

Vijačni ključ
扳手

Žepna svetilka
手电筒

Bager

挖掘机

Zaboj z orodjem

工具箱

Lestev

梯子

Žaga

锯子

Žeblji

钉子

Vrtalnik

钻机

Popraviti

修

Lopata

铲子

Šment!

靠！

Smetišnica

簸箕

Posoda z barvo

油漆桶

Vijaki

螺丝

## Glasbeni instrument

### 乐器

Zvočnik
扬声器

Tolkala
打击乐器

Kitara
吉他

Kontrabas
低音提琴

Trobenta
小号

Klavir

钢琴

Violina

小提琴

Bas kitara

贝斯

Pavke

定音鼓

Bobni

鼓

Sintetizator

电子琴

Saksofon

萨克斯管

Flavta

长笛

Mikrofon

麦克风

Vhod
入口

Tiger
老虎

Kletka
笼子

Zebra
斑马

Krma za živali
动物饲料

Panda
熊猫

Živali

动物

Slon

大象

Kenguru

袋鼠

Nosorog

犀牛

Gorila

大猩猩

Medved

熊

Kamela

骆驼

Noj

鸵鸟

Lev

狮子

Opica

猴子

Plamenec

火烈鸟

Papagaj

鹦鹉

Severni medved

北极熊

Pingvin

企鹅

Morski pes

鲨鱼

Pav

孔雀

Kača

蛇

Krokodil

鳄鱼

Oskrbnik v živalskem vrtu

动物园管理员

Tjulenj

海豹

Jaguar

美洲豹

Poni

矮种马

Leopard

豹

Povodni konj

河马

Žirafa

长颈鹿

Orel

老鹰

Divji prašič

野猪

Riba

鱼

Želva

龟

Mrož

海象

Lisica

狐狸

Gazela

羚羊

Ameriški nogomet
橄榄球

Kolesarjenje
骑自行车

Tenis
网球

Košarka
篮球

Plavanje
游泳

Boks
拳击

Hokej
冰球

Nogomet
英式足球

Badminton
羽毛球

Atletika
田径

Rokomet
手球

Smučanje
滑雪

Polo
马球

Skočiti
跳

Objeti
拥抱

Smejati se
笑

Hoditi
走路

Peti
唱

Sanjati
做梦

Moliti
祈祷

Poljubiti
亲吻

Pisati

书写

Risati

画

Pokazati

展示

Potisniti

推

Dati

给

Vzeti

拿

Imeti
有

Narediti
做

Biti
当

Stati
站

Teči
跑

Vleči
拉

Vreči
扔

Pasti
摔倒

Ležati
躺

Čakati
等待

Nositi
携带

Sedeti
坐

Obleči se
穿衣

Spati
睡觉

Zbuditi se
醒来

Gledati

看

Jokati

哭

Božati

抚摸

Česati se

梳头

Govoriti

交谈

Razumeti

明白

Vprašati

问

Poslušati

听

Piti

喝

Jesti

吃

Pospraviti

清理

Ljubiti

爱

Kuhati

做饭

Voziti

开车

Leteti

飞

Jadrati

航行

Računanje

计算

Brati

读

Učiti se

学习

Delati

工作

Poročiti se

结婚

Šivati

缝

Ščetkati si zobe

刷牙

Ubiti

杀

Kaditi

抽烟

Poslati

寄

Stara mati
祖母

Stari oče
祖父

Oče
父亲

Mati
母亲

Dojenček
婴童

Hči
女儿

Sin
儿子

Gost

客人

Teta

阿姨

Stric

叔叔

Brat

兄弟

Sestra

姐妹

Čelo
前额

Oko
眼睛

Rama
肩膀

Prst
手指

Obraz
脸

Brada
下巴

Dlan
手

Prsi
乳房

Roka
手臂

Noga
腿

Dojenček

婴童

Človek

男人

Ženska

女人

Dekle

女孩

Fant

男孩

Glava

头

Hrbet

背部

Trebuh

肚子

Popek

肚脐

Prst na nogi

脚趾

Peta

脚后跟

Kost

骨头

Kolk

臀部

Koleno

膝盖

Komolec

手肘

Nos

鼻子

Zadnjica

屁股

Koža

皮肤

Lice

脸颊

Uho

耳朵

Ustnica

嘴唇

Usta

嘴

Zob

牙齿

Jezik

舌头

Možgani

脑

Srce

心脏

Mišica

肌肉

Pljuča

肺

Jetra

肝脏

Želodec

胃

Ledvice

肾脏

Spolni odnos

性交

Kondom

避孕套

Jajčece

卵子

Semenska tekočina

精子

Nosečnost

怀孕

Menstruacija

月经

Vagina

阴道

Penis

阴茎

Obrv

眉毛

Lasje

头发

Vrat

脖子

Bolnišnica
医院

Reševalno vozilo
救护车

Invalidski voziček
轮椅

Zlom
骨折

Zdravnik

医生

Urgenca

急诊室

Medicinska sestra

护士

Nujni primer

紧急情况

Nezavesten

昏迷

Bolečina

痛

Poškodba

受伤

Krvavenje

出血

Srčni infarkt

心脏病发作

Kap

中风

Alergija

过敏

Kašelj

咳嗽

Vročina

发烧

Gripa

流感

Driska

腹泻

Glavobol

头痛

Rak

癌症

Sladkorna bolezen

糖尿病

Kirurg

外科医生

Skalpel

手术刀

Operacija

手术

CT

CT

Rentgen

X光

Ultrazvok

超声波

Obrazna maska

口罩

Bolezen

疾病

Čakalnica

候诊室

Bergla

拐杖

Obliž

石膏

Preveza

绷带

Injekcija

注射

Stetoskop

听诊器

Nosila

担架

Klinični termometer

体温计

Porod

出生

Prekomerna teža

超重

Slušni pripomoček

助听器

Razkužilo

消毒液

Okužba

感染

Virus

病毒

HIV / AIDS

艾滋病

Medicina

药物

Cepljenje

接种疫苗

Tablete

药片

Tableta

药丸

Klic v sili

急救电话

Merilnik krvnega tlaka

血压计

bolano / zdravo

生病/健康

Na pomoč!

救命！

Alarm

警报

Napad

突击

Napad

攻击

Nevarnost

危险

Izhod v sili

紧急出口

Gori!

着火啦！

Gasilni aparat

灭火器

Nezgoda

意外

Komplet za prvo pomoč

急救箱

SOS

呼救信号

Policija

警察

Evropa

欧洲

Severna Amerika

北美洲

Južna Amerika

南美洲

Afrika

非洲

Azija

亚洲

Avstralija

澳洲

Atlantski ocean

大西洋

Tihi ocean

太平洋

Indijski ocean

印度洋

Južni ocean

南冰洋

Arktični ocean

北冰洋

Severni tečaj

北极

Južni tečaj

南极

Antarktika

南极洲

Zemlja

地球

Kopno

陆地

Morje

海

Otok

岛

Narod

国家

Država

国家

Številčnica

钟面

Urni kazalec

时针

Minutni kazalec

分针

Sekundni kazalec

秒针

Koliko je ura?

现在几点？

Dan

天

Čas

时间

Zdaj

现在

Digitalna ura

电子表

Minuta

分

Ura

时

Ponedeljek 周一
Sreda 周三
Petek 周五
Torek 周二
Četrtek 周四
Sobota 周六
Nedelja 周日

Včeraj
昨天

Danes
今天

Jutri
明天

Jutro
早晨

Poldne
中午

Večer
晚上

Delovni dnevi
工作日

Konec tedna
周末

Dež
雨

Mavrica
彩虹

Sneg
雪

Pomlad
春

Veter
风

Poletje
夏

Jesen
秋

Zima
冬

| 4.APRIL | 11° | ☀ |
| 5.APRIL | 4° | 🌧 |
| 6.APRIL | 13° | ⛈ |
| 7.APRIL | 8° | ❄ |
| 8.APRIL | 10° | ☀ |

Vremenska napoved
天气预报

Termometer
温度计

Sončna svetloba
阳光

Oblak
云

Megla
雾

Vlažnost
潮湿

Strela

闪电

Grom

打雷

Nevihta

风暴

Toča

冰雹

Monsun

季风

Poplava

洪水

Led

冰

Januar

一月

Februar

二月

Marec

三月

April

四月

Maj

五月

Junij

六月

Julij

七月

Avgust

八月

September

·········

九月

Oktober

·········

十月

November

·········

十一月

December

·········

十二月

形状

Krogla

·········

圆形

Kvadrat

·········

正方形

Pravokotnik

·········

长方形

Trikotnik

·········

三角形

Krogla

·········

球体

Kocka

·········

立方体

Bela

白

Rumena

黄

Oranžna

橙

Rožnata

粉

Rdeča

红

Vijolična

紫

Modra

蓝

Zelena

绿

Rjava

棕

Siva

灰

Črna

黑

veliko / malo

很多/少许

jezno / umirjeno

生气/平静

lepo / grdo

美/丑

začetek / konec

首/尾

veliko / majhno

大/小

svetlo / temno

明/暗

brat / sestra

兄弟/姐妹

čisto / umazano

干净/肮脏

popolno / nepopolno

完整/缺失

dan / noč

白天/晚上

mrtvo / živo

死/生

široko / ozko

宽/窄

užitno / neužitno

可食用/非食用

zlobno / prijazno

邪恶/善良

vznemirjeno / zdolgočaseno

兴奋/无聊

debelo / vitko

胖/瘦

prvo / zadnje

第一/最后

prijatelj / sovražnik

朋友/敌人

polno / prazno

满/空

trdo / mehko

硬/软

težko / lahko

重/轻

lakota / žeja

饿/渴

bolano / zdravo

生病/健康

nezakonito / zakonito

非法/合法

pametno / neumno

聪明/愚笨

levo / desno

左/右

blizu / daleč

近/远

novo / rabljeno

新/旧

nič / nekaj

没有/有些

staro / mlado

老/幼

vklopljeno / izklopljeno

开/关

odprto / zaprto

打开/合上

tiho / glasno

安静/吵闹

bogato / revno

富/穷

prav / narobe

对/错

grobo / gladko

粗糙/光滑

žalostno / veselo

伤心/高兴

kratko / dolgo

短/长

počasi / hitro

慢/快

mokro / suho

湿/干

toplo / hladno

温暖/凉爽

vojna / mir

战争/和平

Nasprotja - 反义词

**0**

Ničla

零

**1**

Ena

一

**2**

Dva

二

**3**

Tri

三

**4**

Štiri

四

**5**

Pet

五

**6**

Šest

六

**7**

Sedem

七

**8**

Osem

八

**9**

Devet

九

**10**

Deset

十

**11**

Enajst

十一

**12**

Dvanajst

十二

**13**

Trinajst

十三

**14**

Štirinajst

十四

**15**

Petnajst

十五

**16**

Šestnajst

十六

**17**

Sedemnajst

十七

**18**

Osemnajst

十八

**19**

Devetnajst

十九

**20**

Dvajset

二十

**100**

Sto

百

**1.000**

Tisoč

千

**1.000.000**

Milijon

百万

Angleščina

英语

Ameriška angleščina

美式英语

Mandarinščina

普通话

Hindujščina

印地语

Španščina

西班牙语

Francoščina

法语

Arabščina

阿拉伯语

Ruščina

俄语

Portugalščina

葡萄牙语

Bengalščina

孟加拉语

Nemščina

德语

Japonščina

日语

Jaz

我

Ti

你

On / ona / tisto

他/她/它

Mi

我们

Vi

你们

Oni

他们

Kdo?

谁？

Kaj?

什么？

Kako?

怎样？

Kje?

哪里？

Kdaj?

什么时候？

Ime

名字

Zadaj

后面

V

里面

Pred

前面

Nad

上方

Na

上面

Pod

下面

Poleg

旁边

Med

中间

Kraj

地点